WISSEN MIT PFIFF
MALEREI
WAS KINDER ERFAHREN UND VERSTEHEN WOLLEN

Idee:
Emilie Beaumont

Text:
Nathalie Dargent

Illustrationen:
Yves Beaujard

Aus dem Französischen von
Ursula Fethke

FLEURUS
VERLAG

DIE URSPRÜNGE

Die Ursprünge der Malerei liegen im Dunkeln, aber sie sind eng mit der Geschichte der Menschheit verbunden. In der Steinzeit malen die Menschen auf Felswände. Heute fragen wir uns, was diese Bilder bedeuten. Sind es magische Beschwörungen, die zum Beispiel um Jagdglück bitten? Oder wollen die Menschen einfach eine Erinnerung an sich hinterlassen? Sehr viel später versuchen die alten Ägypter, ihr Leben im Jenseits zu beeinflussen, indem sie die Grabstätten ausmalen. Die Griechen und Römer verzieren Keramiken und schmücken Wände mit Fresken.

Höhlenmalereien

In einigen Höhlen haben sich auf den Felswänden Malereien erhalten, die noch aus der Steinzeit stammen. Sie zeigen die Tiere der damaligen Zeit, vor allem Wildpferde, Mammuts und Bisons sowie geometrische Muster. Besonders berühmt sind die Höhlenmalereien von Lascaux in Frankreich, die von etwa 15 000 v. Chr. stammen. Die Künstler stellen ihre Farben aus Pflanzensäften oder aus fein gemahlenen Steinen her. Sie malen mit den Fingern oder benutzen Pinsel und Stempel. Manchmal blasen sie auch den Farbpuder durch ein Schilfrohr oder durch einen hohlen Knochen auf den Felsen.

Die Ägypter stellen Personen immer auf dieselbe Weise dar: den Kopf im Profil, aber die Schultern von vorne. Hände, Arme und Beine werden wie der Kopf von der Seite gezeigt. Der Sarkophag (Steinsarg) eines bedeutenden Toten wird besonders reich geschmückt.

Im alten Ägypten

Im Reich der Pharaonen glauben die Menschen, dass das Leben nach dem Tod weitergeht. Deshalb bemalen die Künstler Grabstätten mit Szenen, die den Verstorbenen bei alltäglichen Handlungen zeigen. So gedenken sie der Toten, die im Jenseits weiterleben.

Bei archäologischen Grabungen hat man viele bemalte Vasen, Schalen und Gefäße aus altgriechischer Zeit gefunden.

Das antike Griechenland

Die griechische Kultur prägt ab dem 10. Jahrhundert v. Chr. die Länder rund um das Mittelmeer. Die Griechen malen ihre Tempel bunt aus, doch die Farben haben sich nicht erhalten. Wir kennen aber zahlreiche griechische Keramikgefäße: Zunächst werden sie mit geometrischen Mustern, später mit Szenen aus den Göttersagen verziert. Ab dem 6. Jahrhundert v. Chr. malt man schwarze Figuren auf rotem Grund. Im 5. Jahrhundert v. Chr. ändert sich der Geschmack: Die Figuren stehen nun in Rot auf schwarzem Grund. Die Griechen stellen Personen realistischer, also wirklichkeitsgetreuer dar als die Ägypter.

Das Rom der Antike

Im Jahr 753 v. Chr. wird Rom gegründet und steigt später zur Hauptstadt des größten Reiches der Antike auf. Die römische Kultur ist stark geprägt vom Einfluss der Griechen. Griechische Künstler schmücken die Villen reicher Römer mit Trompe-l'œil-Malereien, bei denen Fenster, Türen und Säulen täuschend echt abgebildet werden. Bei Ausgrabungen hat man in der Stadt Pompeji, die bei einem Vulkanausbruch verschüttet worden war, herrliche Wandmalereien gefunden.

Die byzantinische Kunst

Das Byzantinische Reich besteht von 330 v. Chr. bis zum Jahr 1453. Seine Hauptstadt Byzanz ist das heutige Istanbul in der Türkei. Die byzantinische Kunst ist beeinflusst von der griechisch-römischen Malerei und der mesopotamischen Kunst des Mosaiks. Die Künstler stellen vor allem christliche Themen dar. Dabei folgen sie festen Regeln: So werden zum Beispiel die wichtigsten Personen auch am größten dargestellt. Im 6. Jahrhundert erscheinen die ersten auf Holz gemalten Heiligenbilder: die Ikonen. Sie zeigen Christus, Maria oder verschiedene Heilige.

DIE MALEREI IM MITTELALTER

Im Mittelalter ist die Kunst vor allem durch die Religion geprägt. Nach dem Jahr 1000 werden viele Kirchen gebaut, die Handwerker mit Skulpturen und Malereien schmücken. Dies ist das Zeitalter der Romanik. Bei den Kreuzzügen entdeckt Europa auch die reiche und farbige Kunst des Orients. Ungefähr um 1150 entwickelt sich die Gotik. Nun werden die Szenen elegant und harmonisch dargestellt. Es ist auch die Blütezeit der Miniaturmalerei, welche die Handschriften schmückt. Schließlich entstehen die ersten Tafelbilder auf Holz.

Die Kopisten

In den Skriptorien, den Schreibstuben der Klöster, schreiben Mönche auf Pergament heilige Texte ab und verzieren sie mit Bildern. Diese Mönche nennt man Kopisten. Ab dem 13. Jahrhundert dienen die Handschriften auch dem Unterricht in den Universitäten. Es entsteht ein neuer Beruf: der Illuminator. Bücher werden nicht mehr allein von Mönchen vervielfältigt und verziert. Die Malereien sind oft winzig klein und sehr fein gearbeitet. Man nennt sie Miniaturen oder auch Buchmalerei. Oft geben Fürsten diese prunkvollen Handschriften in Auftrag.

Die Kopisten verwenden natürliche Farbstoffe, die über eine große Leuchtkraft verfügen. Manchmal vergolden sie die Miniaturen sogar: Dafür tragen sie sorgfältig feines Blattgold auf das Pergament auf.

Die Miniaturmalerei

Vor Erfindung des Buchdrucks werden Bücher von Hand vervielfältigt. Mönche schreiben die Texte ab und verzieren sie mit farbenprächtigen Bildern, den Miniaturen. Jeder Mönch hat seinen eigenen Stil: Einige malen Figuren und Szenen, andere schmücken die Schriften mit Ornamenten und fantasievollen Landschaften. In religiösen Darstellungen bilden sie manchmal auch Gegenstände aus dem täglichen Leben ab.

Dieses Porträt (Bildnis) ist eines der ältesten nördlich der Alpen. Es stellt den französischen König Johann den Guten dar und stammt etwa von 1360. Vorher wurden nur religiöse Themen dargestellt.

Die Wandmalerei

Im Mittelalter findet man Malerei hauptsächlich in den Kirchen. Die Innenwände sind von riesigen Wandbildern bedeckt: den Fresken. Ähnlich wie ein Comic erzählen sie in mehreren Szenen eine Geschichte. Die Fresken stellen Ereignisse aus der Bibel dar. Sie führen dem Betrachter das Leben der Heiligen vor Augen, die als Vorbilder dienen. Dagegen ermahnen Darstellungen der Hölle die Betrachter und warnen vor der Sünde. Die romanischen Kirchen verfügen über große Wandflächen und weite Gewölbe, die man sehr gut ausmalen kann.

Die wichtigsten Geschichten und Personen bringen die Maler an den Stellen an, die alle Gläubige während der Messe sehen können. Die Maler gelten damals noch als Handwerker. Immer auf der Suche nach einem Auftraggeber ziehen sie von Baustelle zu Baustelle.

Die bis heute erhaltenen Wandmalereien in Kirchen stellen oft wichtige Ereignisse aus der Bibel dar.

In einigen romanischen Kirchen sind noch Fresken aus dem Mittelalter erhalten. Meist entdeckt man sie, wenn die Kirche restauriert wird. Die Farben sowie die Zeichnung der Gesichter und Körper haben manchmal die Zeit erstaunlich gut überdauert.

Die Erfindung des Tafelbildes

Ab dem 14. Jahrhundert bilden die Maler in den Städten Gemeinschaften, die sich strenge Regeln geben: die Lukasgilden. Selbstbewusst signieren die Meister mit ihrem Namen die Werke, die sie meist auf Holztafeln anfertigen. Die Fürsten wenden sich gezielt an bekannte Maler und erteilen ihnen Aufträge.

Im selben Jahrhundert lassen sich reiche Bürger in religiösen Szenen als kleinere Nebenfiguren darstellen. Nördlich der Alpen – besonders in den Niederlanden – wird die Malerei zunehmend wirklichkeitsgetreuer: Detailliert und sehr gekonnt bilden dort die Maler die Oberflächen von Samt, Pelzen, Edelsteinen und Hölzern ab.

DIE RENAISSANCE IN ITALIEN

Im 14. Jahrhundert beginnt in Italien eine künstlerische Erneuerung: Der Maler Giotto wird in Florenz zum Wegbereiter der Renaissance. Als Erster malt er naturgetreue Landschaften und Menschen, die Gefühle zum Ausdruck bringen. Gleichzeitig machen die Wissenschaften und die Philosophie große Fortschritte. Durch das Studium antiker Schriften entdecken die Gelehrten die griechische und römische Kultur wieder. Sie fragen sich auch, welchen Platz der Mensch im Universum einnimmt. Die Malerei drückt diese neuen Gedanken aus.

Florenz und die Medici

Die italienische Stadt Florenz entwickelt sich zum kulturellen Zentrum der Malerei. Hier werden die Maler von reichen Mäzenen gefördert, vor allem von den Medici, einer berühmten Bankiersfamilie. Die Maler nehmen Themen aus der griechischen und römischen Antike auf. Das erlaubt ihnen, nackte Figuren abzubilden. Die Gemälde zeigen den Menschen umgeben von antiken Göttern in einer idyllischen Natur. Die Maler reisen viel, so breiten sich die neuen Maltechniken schnell aus.

Der Maler Sandro Botticelli (1445-1510), der diese schöne Venus geschaffen hat, wird schon früh von Lorenzo de' Medici gefördert.

Die Perspektive

Im 15. Jahrhundert formuliert der Architekt Alberti die Gesetze der Perspektive. Mit ihrer Hilfe kann der Maler einen dreidimensionalen Gegenstand auf einer Fläche abbilden und dem Bild Tiefe verleihen. Das geschieht durch eine optische Täuschung: Je weiter entfernt sich ein gemalter Gegenstand von einem Betrachter (1) befindet, desto kleiner wird er dargestellt. Alle parallelen Linien laufen in einem Fluchtpunkt (2) zusammen.

Michelangelo (1475-1564) *ist ein genialer Künstler der Renaissance. An die Decke der Sixtinischen Kapelle in Rom malt er riesige, lebendig wirkende Figuren. Michelangelo ist nicht nur Maler und Bildhauer, sondern auch Baumeister und Dichter. Wie kein anderer Künstler verbildlicht er Kraft und Leidenschaft. Lorenzo de' Medici fördert den jungen Michelangelo, der in Florenz schnell berühmt wird. Papst Julius II. lässt ihn 1504 nach Rom kommen: Er soll sein Grabmal schaffen und die Decke der Sixtinischen Kapelle ausmalen. Im Auftrag der Medici hat Michelangelo auch viele Kunstwerke in seiner Geburtsstadt Florenz geschaffen.*

Leonardo da Vinci (1452-1519) ist einer der Künstler, welche die Renaissance am stärksten geprägt haben. Zu seinen Hauptwerken zählt die berühmte Mona Lisa. Leonardo gehört zu den wissensdurstigsten Gelehrten seiner Zeit und gilt als Universalgenie: Er interessiert sich nicht nur für das Malen und Zeichnen, sondern auch für Baukunst, Technik, Astronomie, Physik und weitere Naturwissenschaften. Als ihn der französische König Franz I. 1516 an seinen Hof einlädt, geht er nach Frankreich.

Weitere Maler

Aber auch andere Maler prägen die Renaissance. Der große Rivale von Michelangelo ist Raffael (1483-1520), der für reiche Auftraggeber zahlreiche Gemälde und Fresken malt. Seine harmonischen Figuren sind von idealer Schönheit und Raffael bildet sie in zarten Farben ab. Zu den berühmtesten Malern seiner Zeit gehört auch der Venezianer Tizian (1488-1576). Auf seinen Reisen durch ganz Europa gelingen ihm herausragende Porträts. Seine Begabung liegt darin, fein abgestufte Farben einzusetzen.

Der Manierismus

Gegen Ende der Renaissance ist es nicht mehr das Ziel der Maler, die Wirklichkeit abzubilden. Vielmehr entwickelt sich ein „manierierter", gekünstelter Stil. Die Figuren werden überlang dargestellt und Lichteffekte spielen eine große Rolle. Das Thema des Bildes wird weniger wichtig. Was zählt, ist die dekorative Darstellung.

Tintoretto (1518-1594) soll bei Tizian in die Lehre gegangen sein. Er ist so begabt, dass er schon bald eine eigene Werkstatt eröffnen kann. Der Venezianer wird einer der größten Maler der zweiten Hälfte des 16. Jahrhunderts. Leidenschaftlich bewegte Figuren und theatralische Inszenierungen sind typisch für sein Werk. Gekonnt bündelt er Lichtstrahlen zu dramatischen Effekten. Tintoretto ist ein bedeutender Vertreter des späten Manierismus und gilt als Wegbereiter des Barock.

DIE RENAISSANCE IM ÜBRIGEN EUROPA

Mit dem ausgehenden Mittelalter entdecken die anderen europäischen Länder die italienische Renaissance für sich. Von einem Kriegszug nach Italien bringt der französische König Franz I. Kunstwerke mit. Auch dank der Druckgrafik verbreiten sich die künstlerischen Ideen der Renaissance schnell. Doch nördlich der Alpen malen die Künstler in einem Stil, der sich vom italienischen Schönheitsideal erheblich unterscheidet. Sie stellen Gegenstände des Alltags naturgetreu dar. Im 16. Jahrhundert entwickeln die deutschen und niederländischen Maler so ihren eigenen Renaissance-Stil.

Die Renaissance in Frankreich

Nach der Rückkehr aus Italien lässt Franz I. italienische Künstler an seinen Hof in Fontainebleau bei Paris kommen. Die Maler feiern in ihren Werken die Macht des Königs: Voll gelehrter Anspielungen erzählen sie sein Leben und rühmen seine Taten. Zusammen mit den französischen Hofkünstlern bilden die italienischen Maler die so genannte Schule von Fontainebleau. Gegen Ende des 16. Jahrhunderts gründen französische und flämische Künstler die Zweite Schule von Fontainebleau. Sie ist immer noch von der italienischen Kunst beeinflusst.

Der italienische Künstler Rosso Fiorentino wird von Franz I. zu seinem Hofmaler ernannt. Der Künstler erhält den Auftrag, die Galerie im Schloss von Fontainebleau auszumalen.

In seinem Gemälde Kinderspiele *stellt Pieter Brueghel d. Ä. insgesamt 250 Figuren dar. Ameisengleich widmen sie sich zahllosen Tätigkeiten und Vergnügungen.*

In den Niederlanden

Hieronymus Bosch (1450-1516) ist einer der bemerkenswertesten niederländischen Maler. Seine Gemälde sind besonders reich an fantastischen Figuren und Details. Sie führen uns die Dummheit der Menschen vor Augen, die in einer verrückten Welt verloren sind. Viele junge Künstler lassen sich von Boschs ungewöhnlichen Bildern anregen. Pieter Brueghel d. Ä. (1525-1569) ist einer von ihnen. Seine humorvollen Bauern- und Dorfszenen zeigen, wie die Menschen seiner Zeit leben. Er beherrscht die Farbgebung und kennt von seinen Reisen nach Italien auch die Gesetze der Perspektive.

In Spanien

El Greco (1541-1614) ist griechischer Herkunft, wird in Italien ausgebildet und lebt in Spanien. Er malt vor allem religiöse Themen und stellt sie so unwirklich dar, als ob es sich um Erscheinungen handelt. Sein Stil missfällt dem spanischen König Philipp II., doch die Einwohner von Toledo, wo El Greco lebt, bewundern ihn.

Das Begräbnis des Grafen Orgaz ist das berühmteste Werk von El Greco. Unten stellt er die irdische Welt, oben die himmlische Sphäre dar.

In Deutschland

Einer der berühmtesten deutschen Maler seiner Zeit ist Albrecht Dürer (1471-1528). Das Bild oben ist ein Selbstbildnis. In Italien studiert Dürer die Kunst der Renaissance. Doch auch die niederländische Malerei hat Einfluss auf sein künstlerisches Schaffen. Noch heute beeindruckt die eigenständige schöpferische Kraft von Dürer.

DIE MALTECHNIKEN

In der Renaissance geht ein angehender Maler bei einem Meister in die Lehre. Damals sind Maler oft gleichzeitig auch Bildhauer, Baumeister und Goldschmiede. Sie können also alle diese Berufe unterrichten. Die Aufgaben des Lehrlings beschränken sich zunächst auf einfache Dinge wie das Ausfegen der Werkstatt. Doch indem er seinen Meister beobachtet, lernt er nach und nach, wie man eine Leinwand auf einen Rahmen spannt, wie man sie grundiert und wie man Farben herstellt. Der Schüler erhält auch Zeichenunterricht und wenn er geschickt ist, darf er unter Anleitung seines Meisters malen.

Skizzieren und Modellieren

Ein Künstler hat oft mehrere Schüler. Die Lehrlinge lernen das Zeichnen nach einem lebenden Modell oder einer antiken Skulptur. Mit Tusche, Bleistift oder Kohle entwirft der Künstler erst eine Skizze von einer Figur oder einer Landschaft. Dann überträgt er sie auf die Leinwand. Beim Modellieren lernt der Lehrling die Proportionen, die Größenverhältnisse eines Körpers, zu erfassen.

Malen auf Holz und Leinwand

Im 13. Jahrhundert wird noch auf Holztafeln gemalt. Gehilfen bereiten sie für die Maler vor: Sie glätten die Tafeln, schleifen sie ab und tragen dann einen Malgrund aus Gips oder Kreide sowie Leim auf. Aber Holz ist schwer und unhandlich. Deshalb verbreitet sich ab dem 15. Jahrhundert die Leinwand. Man webt sie aus Baumwolle, Flachs oder Hanf und spannt sie auf einen Rahmen aus Holz. Das Gemälde wird mit einer schützenden Schicht aus Naturharzen versehen: dem Firnis. Wenn die Leinwand getrocknet ist, kann man sie zusammenrollen und leicht transportieren.

Einige Lehrlinge spezialisieren sich auf Bereiche, die sie besonders gut beherrschen. Zum Beispiel malen sie in einer Werkstatt vor allem kleine Figuren, Blumen oder Tiere. Gemälde sind deshalb oft das Gemeinschaftswerk vieler Maler, auch wenn sie nur vom Meister signiert werden.

Die Farben

Die Farbstoffe der Maler heißen Pigmente. Man stellt sie aus Pflanzenauszügen, Steinen, Erden oder sogar Insekten her. Die Gehilfen zermahlen sie zu feinem Puder und mischen sie mit einem Bindemittel. Je schwieriger die Ausgangsstoffe zu beschaffen sind, desto wertvoller sind die Pigmente. Besonders kostbar ist der blaue Stein Lapislazuli, den es in Europa nicht gibt.

Gemälde von Jan van Eyck

Das Malen mit Öl

Angeblich soll der niederländische Maler Jan van Eyck das Malen mit Öl erfunden haben. Tatsache ist: Er verbessert ein Verfahren, das es bereits gibt. Die Pigmente werden mit Lein-, Walnuss- oder Mohnöl angerieben. Es entsteht eine flüssige, glatte Paste von besonders großer Leuchtkraft. Diese Ölfarben sind leicht durchsichtig. Wenn man nun mehrere Farbschichten aufeinander aufträgt, entsteht ein Eindruck von Tiefe.

Temperamalerei

Bis das Malen mit Öl erfunden wird, verwenden die Künstler andere Bindemittel wie Leim oder auch Eigelb. Die Pigmente lösen sie erst in Wasser. Man nennt diese Technik Tempera. Da die Bindemittel schnell trocknen, muss der Künstler sich beeilen und hat nur wenig Zeit, Fehler zu verbessern. Öl trocknet wesentlich langsamer. Deshalb kann sich der Künstler beim Malen mit Ölfarben mehr Zeit lassen und Fehler korrigieren.

Das Fresko

Bei einem Fresko wird zunächst die Mauer mit Wasser angefeuchtet. Dann wird ein Verputz aus Kalkmörtel aufgetragen. Vorher hat der Künstler eine Zeichnung auf ein Stück Karton übertragen und die Linien mit kleinen Löchern versehen. Die Gehilfen halten den Karton an die Wand und verteilen Kohlepuder darauf. Der Puder gelangt durch die Löcher auf die Wand und hinterlässt dort feine Punkte: Die Zeichnung wird so auf die Wand übertragen. Der Meister beeilt sich, denn er muss fertig werden, bevor der Verputz trocknet.

DER BAROCK

Im 17. Jahrhundert entsteht in Italien ein neuer Stil: der Barock. Dramatische Szenen und überschwängliche Farben zeichnen ihn aus. Gefördert wird der Barock ganz besonders von den Kirchenfürsten der Gegenreformation, die den katholischen Glauben wieder stärken möchten. Doch auch die absolutistischen Herrscher geben Kunstwerke in Auftrag, die ihre Macht verherrlichen. Dieser Stil erfasst auch Architektur, Musik und Literatur. In Deutschland, Flandern, den Niederlanden und Spanien bilden sich eigene Barockstile aus. Dagegen ziehen einige französische Künstler den ausgewogeneren Klassizismus vor.

Die Wirklichkeit abbilden

Der Italiener Caravaggio (1573-1610) will wirklichkeitsgetreu malen. Deshalb gestaltet er seine biblische Figuren wie einfache Männer und Frauen aus dem Volk. Er malt direkt auf die Leinwand, ohne vorher einen Entwurf anzufertigen. Typisch für Caravaggios Werke ist ein dunkler Hintergrund. Von der Seite einfallendes Licht beleuchtet die Figuren, die sich deutlich abzeichnen. Diese Hell-Dunkel-Technik breitet sich in ganz Europa aus.

Die Malerei im Barock

In Italien geben kirchliche Würdenträger große Gemälde in Auftrag und lassen Kirchen völlig neu ausstatten. Die Maler gestalten dramatische und leidenschaftliche Szenen, die Gefühle hervorrufen sollen. Besonders in Flandern entstehen viele Werkstätten. In Antwerpen bildet sich um Peter Paul Rubens (1577-1640) eine berühmte Werkstatt, die bald die gefragteste in Europa ist. Die Gemälde von Rubens sind sehr kraftvoll und beeindrucken durch lebhafte Farben. Das Bild oben zeigt seine *Apotheose Heinrichs IV.*: Sie ist 3,94 m hoch und 7,27 m breit!

In Spanien

Im 17. Jahrhundert entwickeln die spanischen Maler einen eigenen barocken Stil und stellen religiöse Themen sehr realistisch dar. Der berühmteste unter ihnen ist Velázquez. Als Hofmaler gestaltet er in Madrid zahlreiche Porträts von König Philipp IV. und dessen Familie. Gekonnt fängt Velázquez den Ausdruck auf den Gesichtern seiner Modelle ein und gestaltet mit warmen Farben die üppige Pracht der königlichen Roben.

Vermeer malt sein berühmtes Werk Die Milchmagd.

In Holland

Rembrandt (1606-1669) ist ein bedeutender holländischer Maler, der einen eigenen Stil prägt. Er versteht es wie kein anderer, Figuren im Halbdunkel darzustellen und sie mit goldbraunem Licht auszuleuchten. Rembrandt arbeitet mit einer besonderen Technik, indem er mehrere dicke Farbschichten aufeinander aufträgt. Wenn sie getrocknet sind, bleibt der Eindruck des Pinsels erhalten und sorgt für eine Reliefwirkung. Vermeer (1632-1675) ist ebenfalls Holländer. Im Gegensatz zu Rembrandt will er so malen, dass man den Pinselstrich nicht mehr erkennen kann. Sehr einfühlsam stellt er ruhige Momente im täglichen Leben dar.

Im Laufe seines Lebens fertigt Rembrandt viele Selbstporträts an.

In Frankreich

Die französischen Künstler malen in der ersten Hälfte des 17. Jahrhunderts im Stil von Caravaggio. Der Gegensatz zwischen Licht und Schatten fasziniert sie. Auch einfache Leute aus dem Volk stellen sie häufig dar. Georges de La Tour (1593-1652) malt scheinbar alltägliche Szenen. Hinter ihnen verbergen sich aber Ereignisse aus der Bibel. Die Figuren zeichnen sich beim warmen Schein einer Kerze vor dem dunklen Hintergrund ab (links).

Der französische Barockklassizismus

Unter dem Einfluss von König Ludwig XIV. wird Paris zu einem wichtigen künstlerischen Zentrum. Der bedeutendste französische Maler ist Nicolas Poussin (1594-1665), der aber in Rom arbeitet. Dort schließt er sich nicht dem italienischen Barock an, sondern malt ideale Landschaften, in die er mythologische oder biblische Szenen setzt. In Paris hat er viele Freunde und Auftraggeber.

Detail aus dem Gemälde Las Meninas (Die Hoffräulein) *von Velázquez*

In seiner Werkstatt benutzt Poussin Wachsfigürchen als Modelle für seine Bilder. Er stellt sie in einer Art Mini-Theater auf.

DAS 18. JAHRHUNDERT

Das 18. Jahrhundert ist das Zeitalter der Aufklärung. Zahlreiche Entdeckungen in Bereichen der Wissenschaften und der Technik führen dazu, dass sich auch das Bild vom Menschen wandelt. Schriftsteller und Philosophen verbreiten die neuen Ideen. In dieser Zeit lassen Fürsten Paläste nach dem Vorbild des Versailler Schlosses errichten. Künstler schmücken sie aus und erschaffen den Rokoko-Stil. Er steht im Gegensatz zum höfischen Barock und zeichnet sich durch Leichtigkeit und Verspieltheit aus. In Frankreich, Italien und Süddeutschland entstehen Meisterwerke des Rokoko.

Tiepolo gestaltet an den europäischen Fürstenhöfen Trompe-l'œil-Malereien und verziert sie mit Stuckreliefs. Als sein Hauptwerk gelten die Fresken in der Würzburger Residenz (unten).

Das Rokoko in Frankreich

In Frankreich entstehen nun verspielte Gemälde in zarten Farben. Sie sind vor allem für Sammler bestimmt, die galante Feste, kokette Szenen und Liebesgeschichten der antiken Götter bevorzugen. Besonders schätzen sie die Maler Boucher (1703-1770), Watteau (1684-1721) und Fragonard (1732-1806), der *Die Schaukel* (oben) geschaffen hat. Das fantasievolle Rokoko breitet sich schnell in andere Länder aus: Zu den Glanzleistungen zählen die Fresken von Cosmas Damian Asam (1686-1739) in Süddeutschland und Böhmen.

Die venezianische Kunst

Die venezianische Malerei feiert im 18. Jahrhundert Triumphe. Giovanni Battista Tiepolo (1696-1770) spezialisiert sich auf große Fresken, die er mit Stuckreliefs verziert. Diese Reliefs bestehen aus Marmorpulver, Gips und Leim. Tiepolo verwandelt Decken in strahlende Himmelsgewölbe mit aufgetürmten Wolken. Effektvoll setzt er seine Themen mit geschwungenen Formen in Szene. Typisch für das Rokoko sind Rocaillen: elegante, muschelförmige Ornamente.

Die Pastellmalerei

Nun wird die Pastellmalerei beliebt: Der französische Maler Chardin (1699-1779) schafft eine berühmte Serie von Bildnissen in Pastell. Für diese Technik, die der Zeichnung verwandt ist, benutzt er Pastellstifte. Die Pigmente werden mit Kreide und Leim vermischt. Die zart abgestuften Farben trägt der Künstler trocken auf Papier auf. Deshalb sind die Werke sehr empfindlich.

Selbstporträt von Chardin

Die Porträtmalerei

Sir Joshua Reynolds (1723-1792) ist ein brillanter englischer Maler des 18. Jahrhunderts. Seine Bildnisse beeindrucken durch ihre Anmut und Lebendigkeit. Der englische Adel schätzt den Künstler sehr: Reynolds erhält im Jahr bis zu 150 Aufträge für Porträts (darunter auch das Bild links). Die Porträtmalerei wird die wichtigste Bildgattung in England.

Kinderporträt von Reynolds

Die Salons

In Frankreich gründet König Ludwig XIV. im 17. Jahrhundert die Königliche Akademie für Bildhauerei und Malerei in Paris. Jedes Jahr organisiert sie eine öffentliche Ausstellung. Man nennt sie Salon, weil die Werke im Salon Carré des Louvre ausgestellt werden. Schriftsteller, Philosophen und Journalisten bewerten sie und veröffentlichen ihre Beurteilung in Zeitungen: So entsteht die Kunstkritik. Doch diejenigen Gemälde, die nicht dem Geschmack der Zeit und den Vorschriften der Akademie entsprechen, lehnt man ab. Die Künstler bemühen sich dem Publikum zu gefallen, denn sie wollen ihre Werke verkaufen und neue Auftraggeber finden. Die Akademie wiederum möchte die Tradition der französischen Malerei erhalten und wacht über die dargestellten Themen. Im Jahr 1767 zieht sie zwei Werke von Fragonard zurück, die ihr zu freizügig erscheinen.

WIDERSPRÜCHE

Zwischen der Französischen Revolution 1789 und der Mitte des 19. Jahrhunderts bestehen in der Malerei verschiedene Strömungen nebeneinander. Die klassizistischen Maler orientieren sich an der Antike. Dagegen brechen die Romantiker mit den Traditionen: Leidenschaftlich bringen sie ihre Forderungen nach politischer Freiheit zum Ausdruck. In Frankreich erwacht das Interesse am Orient und die Künstler gewinnen auf ihren Reisen neue Eindrücke. 1863 begründet der französische Maler Édouard Manet einen neuen Stil: den Impressionismus. Dieser Stil prägt die zweite Hälfte des 19. Jahrhunderts.

Die Romantik

Gemäß den Romantikern soll der Mensch seiner Gefühlen und nicht dem Verstand folgen. Die Maler treffen sich mit anderen Künstlern wie Musikern und Dichtern. Sie malen Porträts von ihnen, tauschen sich aus und sehnen sich nach mehr Gleichheit, Freiheit und Brüderlichkeit in der Welt. Der erste romantische Maler in Frankreich ist Théodore Géricault (1791-1824). Sein Bild *Das Floß der Medusa* stellt einen Schiffbruch dar, der sich tatsächlich so ereignet hat. Das Gemälde erregt viel Aufsehen: Die Freunde von Géricault sind begeistert, doch die klassizistischen Maler empören sich.

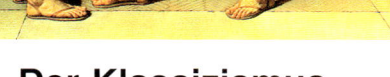

Der Klassizismus

Im 18. Jahrhundert wird die 79 n. Chr. bei einem Vulkanausbruch verschüttete Stadt Pompeji ausgegraben. Die römische Antike kommt wieder in Mode: Die Künstler ahmen Skulpturen, Bauwerke und Möbel nach. Jacques Louis David (1748-1825), der Lieblingsmaler Napoleons, malt vor allem historische Themen aus der Antike (wie das Bild oben) sowie bedeutende Ereignisse der napoleonischen Zeit.

*Die Ideen der Romantik vereinen ganz unterschiedliche Künstler. In Spanien entfaltet der Hofmaler **Francisco de Goya** (1746-1828) eine gewaltige schöpferische Kraft. Er hinterlässt etwa 500 Gemälde und zahlreiche Grafiken. Viele kritisieren die politischen Verhältnisse in seinem Land. Doch er entwirft auch alptraumhafte Szenen, die selbst heute noch sehr furchteinflößend wirken. Sie entstehen während des Krieges zwischen Spanien und Frankreich.*

Malen auf Papier

Bei ihren Reisen arbeiten Maler wie Delacroix oder später Paul Klee in Aquarell- oder Gouachetechnik. Für ein Aquarell löst man kleine Pigmentstücke in Wasser auf. Wenn man viel Wasser verwendet, werden die Farben durchscheinend und leuchtend. Die Materialien sind leicht zu transportieren und die Farben trocknen schnell. So können die Künstler nach und nach ihre Reisetagebücher mit Szenen füllen. Die Gouache ist dem Aquarell verwandt, aber man verwendet dabei deckende Wasserfarben.

Reisetagebücher von berühmten Künstlern wie etwa Delacroix haben sich bis heute erhalten. Sie sind angefüllt mit Skizzen und Notizen.

Die Maler führen in einem kleinen Kasten alles mit, was sie brauchen: Pigmente, Pinsel und eine Palette, um die Farben zu mischen.

Der Orientalismus

In Frankreich fühlen sich romantische und klassizistische Maler gleichermaßen vom Orient angezogen. Schon manche Werke des 18. Jahrhunderts zeigen seine Faszination, aber erst der Feldzug von Napoleon nach Ägypten und die Eroberung Algeriens rücken ihn ins Bewusstsein der Europäer. Die Künstler entdecken exotische Basare und Landschaften von blendenden Farben. Der romantische Maler Eugène Delacroix (1798-1863) reist nach Marokko und Algerien. Diese Reise inspiriert ihn zu dramatischen Gemälden, etwa zu *Kampf des Giaur mit dem Pascha* (oben).

Wegbereiter des Impressionismus

Das alltägliche Leben fasziniert die realistischen Maler. In Frankreich zählen zu ihnen Daumier, Millet und Courbet. Sie beeinflussen deutsche Maler wie Wilhelm Leibl (1844-1900) und Max Liebermann (1847-1935). Im Jahr 1863 löst Édouard Manet (1832-1883) einen Skandal aus, als er sein Gemälde *Frühstück im Freien* (links) präsentiert. Es zeigt eine nackte Frau bei einem Picknick mit zwei bekleideten Männern. Dieser Schock kündigt eine Erneuerung der europäischen Kunst und eine neue Stilrichtung an: den Impressionismus.

EIN NEUER BLICK

In der zweiten Hälfte des 19. Jahrhunderts verändern Fortschritte in der Technik und die Industrialisierung das Leben der Menschen. Auch Kunstwerke bekommen eine neue Bedeutung: Gemälde werden käufliche Waren und die Malerei erhält Konkurrenz durch die Fotografie, die die Wirklichkeit exakt wiedergibt. Deshalb sehen junge Künstler ihr Ziel nicht mehr darin, Personen und Szenen möglichst genau abzubilden. Stattdessen bringen sie das persönliche Erleben und eigene Gefühle in ihre Bilder mit ein. Sie erproben neue Techniken und malen erstmals im Freien.

Farben aus der Tube
Neue Erfindungen revolutioniere die Maltechniken. Früher bewahrten die Maler ihre Farber in Schweineblasen auf. Nun werden sie in Tuben aus Metall verkauft und können sofort verwendet werden.

Die Fotografie
Da die Maler nicht mit der Fotografie konkurrieren können, versuchen sie nicht mehr, die Wirklichkeit exakt abzubilden. Das Ziel ist nun, Sinneseindrücke festzuhalten. Dennoch finden sich in der Fotografie und der Malerei ähnliche Themen: etwa ein Dorffest oder ei Zug, der in den Bahnhof einfährt. Einige Maler, wie Edgar Degas (1834-1917), stellen Szenen so dar, als ob sie diese durch ein Fernrohr beobachten würden.

Der Impressionismus

Im Jahr 1874 zeigt Claude Monet (1840-1926) in einer Ausstellung sein Gemälde *Impression, soleil levant* (Stimmung bei aufgehender Sonne). Dieser Titel gibt dem Impressionismus seinen Namen. Die Impressionisten lehnen heroische Themen und düstere Farben ab. Sie malen in der freien Natur und wollen den flüchtigen Augenblick erfassen: Lichteffekte auf dem Wasser oder die Bewegungen der modernen Welt.

Der Einfluss der japanischen Kunst
Begeistert entdeckt Europa die japanische Kunst. Die Impressionisten schätzen besonders den japanischen Künstler Hokusai (1760-1849), der Holzschnitte von Landschaften in hellen, durchscheinenden Farben geschaffen hat. Ein Sonderfall ist der französische Maler Henri de Toulouse-Lautrec (1864-1901). Er gestaltet für das Kabarett und das Theater Plakate, die von dem japanischen Stil beeinflusst sind.

Die Woge ist e Holzschnitt de japanische Künstlers Hokusa

Ausschnitt aus einem Plakat von Henri de Toulouse-Lautrec

Der Einfluss von Cézanne

Paul Cézanne (1839-1906) lebt zurückgezogen und erfährt lange Zeit keine Anerkennung für seine Kunst. Zunächst steht er den Impressionisten nah. Wie diese malt er im Freien. Doch dann geht er seinen eigenen Weg: Er betont die Formen der Gegenstände und vereinfacht sie. Seine Stillleben, Porträts und Landschaften sind sehr ausgewogen. Cézanne lebt in der Provence und malt dort immer wieder den Berg Sainte-Victoire (unten).

Der einzigartige Vincent van Gogh

Durch die Impressionisten entdeckt der niederländische Maler Vincent van Gogh (1853-1890) die reine Farbe. Doch er arbeitet mit einer eigenständigen Technik: Mit dem Pinsel setzt er kräftige, geschwungene Striche nebeneinander, während die Impressionisten eine leichte und feine Malweise bevorzugen. Intensive Farben drücken seine Empfindungen aus. Strahlend helle oder düstere Farben vermitteln den Wechsel von Lebensfreude und Traurigkeit in seinem Leben.

Der Post-Impressionismus

Aus dem Impressionismus entstehen mehrere Strömungen. Viele Künstler lehnen nach 1884 die spontane Malweise der Impressionisten ab. Stattdessen folgen sie festen Regeln und entwickeln dabei neue Maltechniken. Ein Beispiel dafür ist der französische Maler Paul Gauguin (1848-1903): Er malt Szenen in leuchtenden Farben, die er flächig aufträgt. Auf Tahiti nimmt ihn die exotische Schönheit der Insel gefangen (links). Dagegen bemüht sich der Pointillismus um die wissenschaftliche Untersuchung des Lichts. Der Hauptvertreter dieses Stils ist Georges Seurat (1859-1891).

Wenn man die Gemälde von Seurat aus der Nähe betrachtet, sieht man wie beim Zirkus, tausende kleine Farbpunkte, die ganz dicht nebeneinander sitzen.

Wie viele Maler seiner Zeit ist Vincent van Gogh begeistert von dem besonderen Licht der Provence. Er zieht in die südfranzösische Stadt Arles, wo er alltägliche Szenen malt. In dem Bild Vincents Schlafzimmer in Arles *(unten) verwendet der Künstler leuchtende Farben, um das strahlend helle Licht seiner Umgebung abzubilden.*

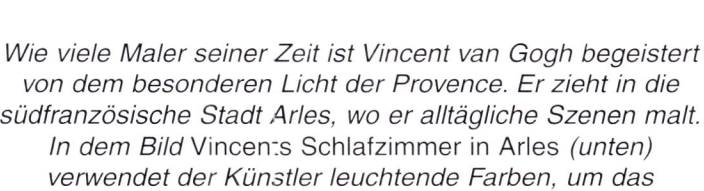

DIE MODERNE

In den Jahren vor dem Ersten Weltkrieg bilden sich in ganz Europa neue künstlerische Strömungen. Oft beeinflussen sie sich gegenseitig. Die Maler experimentieren mit Farben und verschiedenen Arten der Darstellung und gelangen dabei zur Abstraktion. Die abstrakte (ungegenständliche) Malerei will Empfindungen und unbewusste seelische Vorgänge ausdrücken, ohne dafür Gegenstände oder Personen abbilden zu müssen. In den nächsten Jahrzehnten folgen verschiedene Spielarten der abstrakten Kunst, aber auch die gegenständliche Malerei entwickelt sich weiter.

Henri Matisse verwendet kräftige und kontrastreiche Farben, zum Beispiel in seinem Gemälde Orangenkorb.
© Succession H. Matisse 2002

Der Fauvismus

Im Herbstsalon von 1905 in Paris erregen einige junge Maler große Aufmerksamkeit: Sie stellen flammende Bilder in reinen Farben aus. Die bekanntesten heißen Henri Matisse (1869-1954), André Derain (1880-1954) und Maurice de Vlaminck (1876-1958). Auf Perspektive oder Räumlichkeit legen sie keinen Wert mehr. Ein Kritiker bezeichnet den Raum, in dem ihre Gemälde hängen, als „cage aux fauves" (Raubtierkäfig). Der Name bleibt: Ihr Malstil heißt Fauvismus.

Der Expressionismus

Zur selben Zeit entstehen in Deutschland expressionistische Künstlergruppen. Sie wollen darstellen, was sie fühlen. Ihre ausdrucksstarken Bilder malen sie mit heftigen Pinselstrichen. Dabei arbeiten sie mit kräftigen Farben und verfremdeter Formen, um die Bildwirkung zu steigern.

Der Norweger Edvard Munch (1863-1944) steht den Expressionisten nahe. Wenn man sein Bild Der Schrei *betrachtet, glaubt man fast, den Schrei zu hören.*

Der Kubismus

Pablo Picasso (1881-1973) erfindet 1908 den Kubismus, als er Personen und Gegenstände aus mehreren Blickwinkeln gleichzeitig darstellt. Dazu hat ihn sein Freund Georges Braque (1882-1963) angeregt. Ihr gemeinsames Ziel ist, auf der Leinwand eine neue Wirklichkeit entstehen zu lassen. Dafür vereinfachen sie die Motive zu kubisch-geometrischen Figuren und stellen diese als kleine Ausschnitte nebeneinander.

Pablo Picasso

Der aus Spanien stammende Künstler ist wahrscheinlich der einfallsreichste und bedeutendste Künstler des 20. Jahrhunderts. Er ist nicht nur Maler, sondern auch Zeichner, Keramiker, Grafiker und Fotograf und arbeitet mit verschiedensten Materialien. Unter anderem verwendet er die Collagetechnik, bei der er Zeitungsausschnitte, Tapeten und Gewebe auf die Leinwand klebt. Seine Werke werden auf der ganzen Welt zu Höchstpreisen verkauft.

Picassos Maya mit Puppe *(links)*

Die abstrakte Malerei

Mit seinem ersten abstrakten Gemälde von 1910 gilt Wassily Kandinsky (1866-1944) als Vater der abstrakten Malerei. Es besteht nur aus Farben und Linien, der Gegenstand ist nicht mehr erkennbar. Künstler wie der deutsche Maler Paul Klee (1879-1940) oder der Niederländer Piet Mondrian (1872-1974) malen farbige, flächige Formen. Die abstrakte Kunst steht im Gegensatz zur gegenständlichen Kunst.

Kandinskys Auf Weiß II *(rechts)*

Salvador Dalí

Der einfallsreiche katalanische Künstler Salvador Dalí (1904-1989) ist gleichzeitig Maler, Bildhauer, Erfinder und Filmemacher. Er provoziert gerne. Werbewirksam erklärt er seine eigene Person zum Gesamtkunstwerk. Seine Gemälde stellen oft Träume oder Halluzinationen dar.

Die Surrealisten

Die surrealistische Bewegung entsteht 1924 in Paris. Die Künstler interessieren sich für Träume und für das Unbewusste. Vernunft und feste Regeln lehnen sie ab. Mit exzentrischem Humor entwirft Salvador Dalí fantastische Welten. Dagegen malt der Belgier René Magritte (1898-1967) alltägliche Gegenstände, die er in ungewohnter Weise nebeneinander stellt. So gelingt es ihm, verborgene Zusammenhänge zu enthüllen.

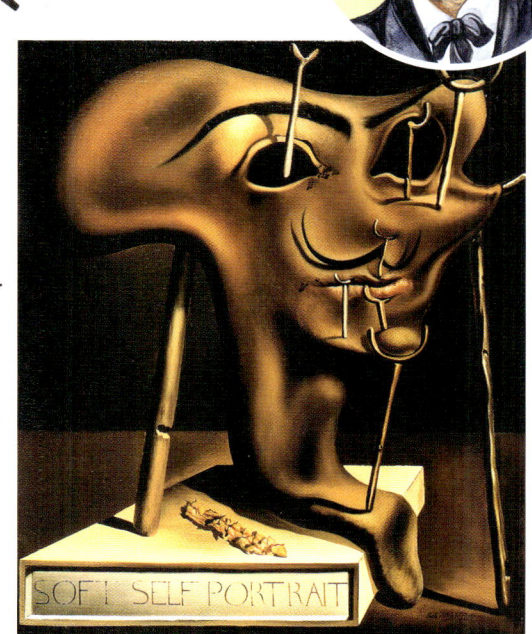

Links: Die große Familie *von Magritte*
Rechts: Weiches Selbstbildnis mit gebratenem Speck *von Dalí*

NEUE HERAUSFORDERUNGEN

In der zweiten Hälfte des 20. Jahrhunderts lösen sich die amerikanischen Künstler vom europäischen Vorbild und beschreiten ihren eigenen Weg. Nach dem Zweiten Weltkrieg steigt New York zum wichtigsten Kunstzentrum der Welt auf. Zunächst setzt sich dort die abstrakte Malerei durch, doch als Gegenreaktion gewinnt schon in den 60er-Jahren des 20. Jahrhunderts die gegenständliche Kunst wieder an Bedeutung. Auch die Maltechniken ändern sich. Die Künstler arbeiten nun mit völlig neuen Werkzeugen.

Op Art

Der Begriff Op Art (Optische Kunst) bezeichnet eine Strömung, die sich in den 60er-Jahren des 20. Jahrhunderts entwickelt. Indem man geometrische Former im Wechsel wiederholt und verschiedene Farben verwendet, werden Räumlichkeit und Bewegung vorgetäuscht. Der Maler Victor Vasarély (1908-1997) spielt so mit der Wahrnehmung des Betrachters (oben)

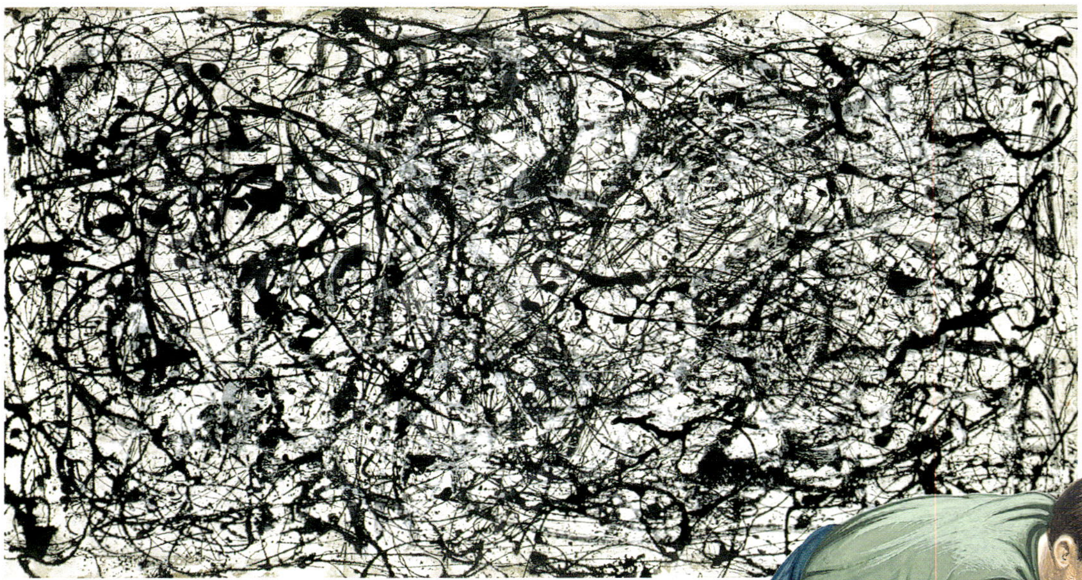

In Amerika

In New York entsteht der Abstrakte Expressionismus („Action-Painting"), zu dessen wichtigsten Vertretern Jackson Pollock (1912-1956) zählt. Er ist berühmt für seine Drip-Paintings (getropfte Bilder), bei denen er seine Gefühle spontan auslebt. Dafür legt er eine große Leinwand auf den Boden und schleudert Farbe darauf. Manchmal lässt er sie auch aus durchlöcherten Farbtöpfen herabtropfen. Andere abstrakte Maler setzen große Felder mit ausdrucksstarken reinen Farben nebeneinander. Doch auch die gegenständliche Malerei existiert weiter.

Pollock gestaltet schwarz-weiße oder farbige Drip-Paintings, indem er mit einem Stock Farbe auf eine am Boden liegende Leinwand schleudert.

Pop-Art

Ab den 60er-Jahren des 20. Jahrhunderts wenden sich manche Künstler wieder der gegenständlichen Kunst zu. Fotorealisten malen Fotografien ab oder drucken sie auf die Leinwand. Mit viel Witz stellt die Pop-Art das Leben in der modernen Gesellschaft dar. Ihr Hauptvertreter Andy Warhol (1929-1987) druckt mithilfe der Serigrafie (Siebdruck) Bilder von bekannten Persönlichkeiten, Dosensuppen und Dollarscheinen in kräftigen Farben. Damit will er die Massenkultur und den Konsum kritisieren.

Warhol verwendet den Siebdruck. Mit dieser Technik entstehen Serien von einem Motiv in verschiedenen Farben.

Neue Maltechniken

Gegen Mitte des 20. Jahrhunderts lösen die Acrylfarben das Malen mit Öl ab. Die chemisch erzeugten Farben trocknen schnell und verfügen über eine besonders große Leuchtkraft. Viele Künstler arbeiten mit ungewöhnlichen Materialien wie Zeitungsausschnitten, Stoffen, Nägeln oder Bürsten. Der Franzose Yves Klein (1928-1962) bittet Frauen sogar, auf ihren Körper Farbe aufzutragen und sich auf einer ausgebreiteten Leinwand zu wälzen.

Yves Klein malt ► monochrome Gemälde in seiner Lieblingsfarbe Blau, so etwa Monochrome IKB III.

◄ Jean Dubuffet (1901-1985) lässt sich von Kinderzeichnungen und Graffiti inspirieren. Manchmal benutzt er so ungewöhnliche Materialien wie Schmieröl oder Kies.

Die weitere Entwicklung

In den 80er-Jahren des 20. Jahrhunderts beeinflussen Comics, Graffiti, Rock- und Punkmusik das Arbeiten der Maler. Sie führen ihre farbenfrohen und humorvollen Werke sehr schnell aus. Und die Malerei entwickelt sich weiter: Man findet sie sogar auf Hauswänden. Viele Kunstwerke verbinden Malerei, Video, Tanz und andere Kunstformen miteinander. Computer und Multimedia bieten den Künstlern des 21. Jahrhunderts wieder neue Möglichkeiten.

INHALTSVERZEICHNIS

© der deutschsprachigen Ausgabe:
Fleurus Verlag GmbH, Köln 2003
Alle Rechte vorbehalten
© Editions Fleurus, Paris 2002
Titel der französischen Ausgabe:
La grande imagerie, La peinture
ISBN 3-89717-214-3
Printed in Italy

10 9 8 7 6 5 4 3 2 1